ASSOCIATION STÉNOGRAPHIQUE UNITAIRE

(SYSTÈME PRÉVOST-DELAUNAY)

Fondée en 1876

Reconnue comme établissement d'utilité publique par décret du 1er avril 1899.

L'Association a pour objet d'assurer l'unité pratique du système, d'étudier les perfectionnements dont il est susceptible, de le vulgariser, de faciliter les progrès sténographiques de ses membres, de **mettre à la disposition du public des praticiens** pour la reproduction des discours, plaidoiries, etc., de développer l'emploi de la sténographie dans les affaires, et de **fournir au commerce et à l'administration des employés sténographes** connaissant la machine à écrire.

Pour être membre titulaire, il faut : 1° être présenté par deux membres de l'Association et agréé par l'Association en séance ordinaire ; 2° payer une cotisation annuelle de **dix francs**. La cotisation peut être rachetée en versant une somme fixe de deux cents francs. Ce rachat confère le titre de membre perpétuel.

Le droit de vote dans les questions de méthode et dans les élections n'appartient qu'aux membres inscrits depuis trois ans au moins.

Les membres reçoivent gratuitement l'*Unité Sténographique*, bulletin de l'Association.

Les mineurs ne peuvent faire partie de la Société sans l'assentiment de leurs parents ou tuteurs.

Il n'est statué sur les admissions qu'à la séance qui suit celle dans laquelle ont été faites les présentations, et après paiement de la moitié de la cotisation annuelle.

La cotisation part du premier jour du trimestre dans lequel a lieu l'admission.

Les membres appartenant à l'Association depuis un an au moins sont exonérés de la cotisation pendant la durée de leur service effectif dans l'armée active.

Pour tous renseignements et demandes, s'adresser à M. BOUTILLIER, Président de l'Association, 28, rue Serpente, et à M. LANISSOL, Secrétaire général, 3, rue Tardieu.

SIÈGE DE L'ASSOCIATION :

HÔTEL DES SOCIÉTÉS SAVANTES, RUE SERPENTE, 28.

BUREAUX :
14, rue de Chabrol, 14
PARIS

LE MÉDAILLON

EXERCICES DE LECTURE

PUBLICATION DE L'ASSOCIATION STÉNOGRAPHIQUE UNITAIRE

(Système Prévost-Delaunay)

RECONNUE COMME ÉTABLISSEMENT D'UTILITÉ PUBLIQUE.

LE MÉDAILLON

EXERCICES DE LECTURE
Par **Paul TURIN**

Texte sténographique de Benjamin LANISSOL
Secrétaire général de l'Association

(5ᵉ ÉDITION)

(Revue et corrigée)

Prix : 1 franc. — *Franco* : 1 fr. 15.

BUREAUX DE LA SOCIÉTÉ
14, RUE DE CHABROL, 14
PARIS

1902

LE MÉDAILLON

I (¹)

53 ... / Hàvre

Hubert

— Adolphe Duchatelet

Henriette

Léon

/ 38

Diane

Canard

16

9 Tancarville

Drapiers

Catherine

Dunoyer

Martial

Marguerite

Henry

Julietle

Richelieu =

39

20

Martial

Indes

Henry

Constantine

35

Martial

Martial

Balthasar

Indes

Montivilliers

Després

II (¹)

Harfleur ⟨ Montivilliers

(¹)

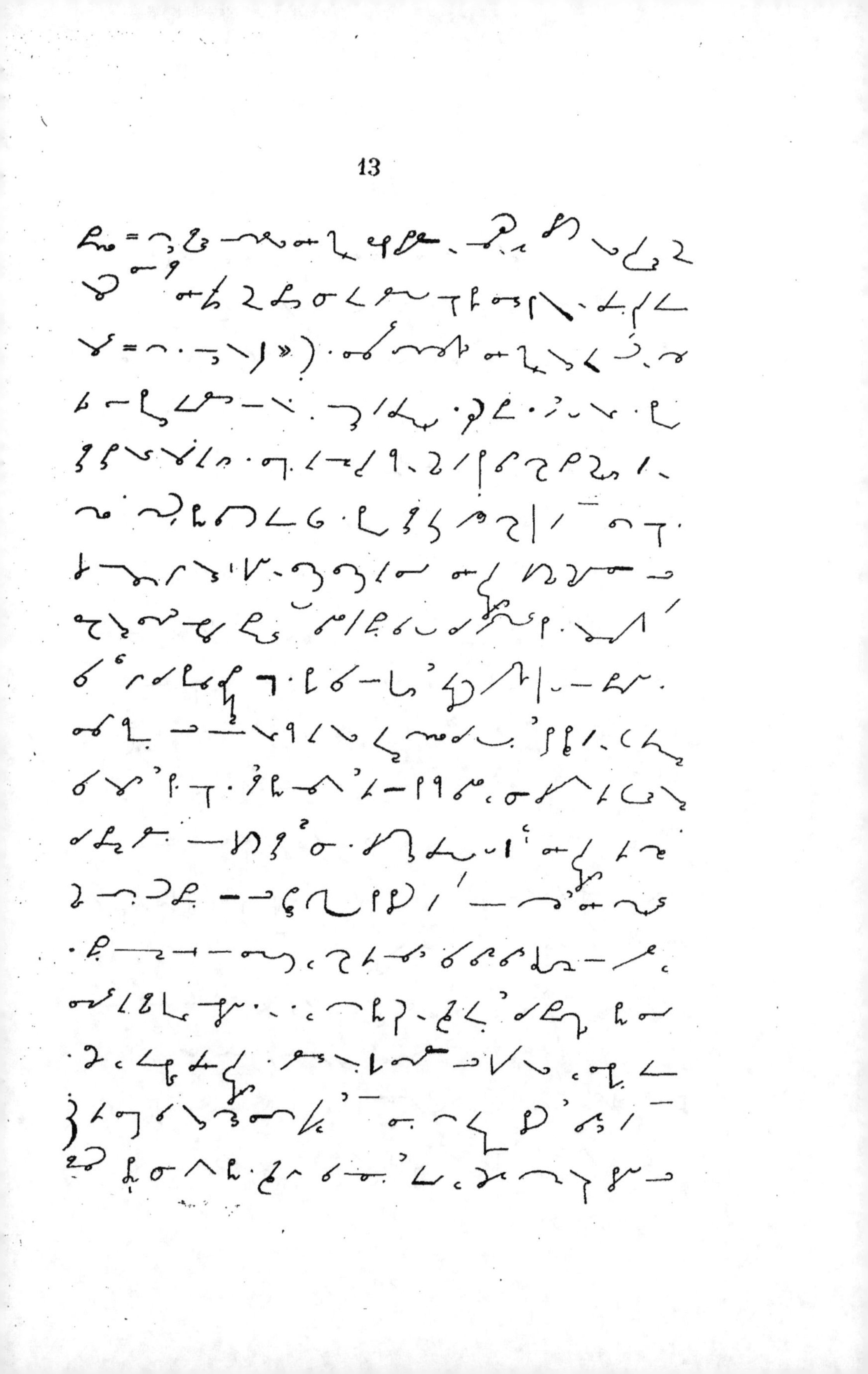

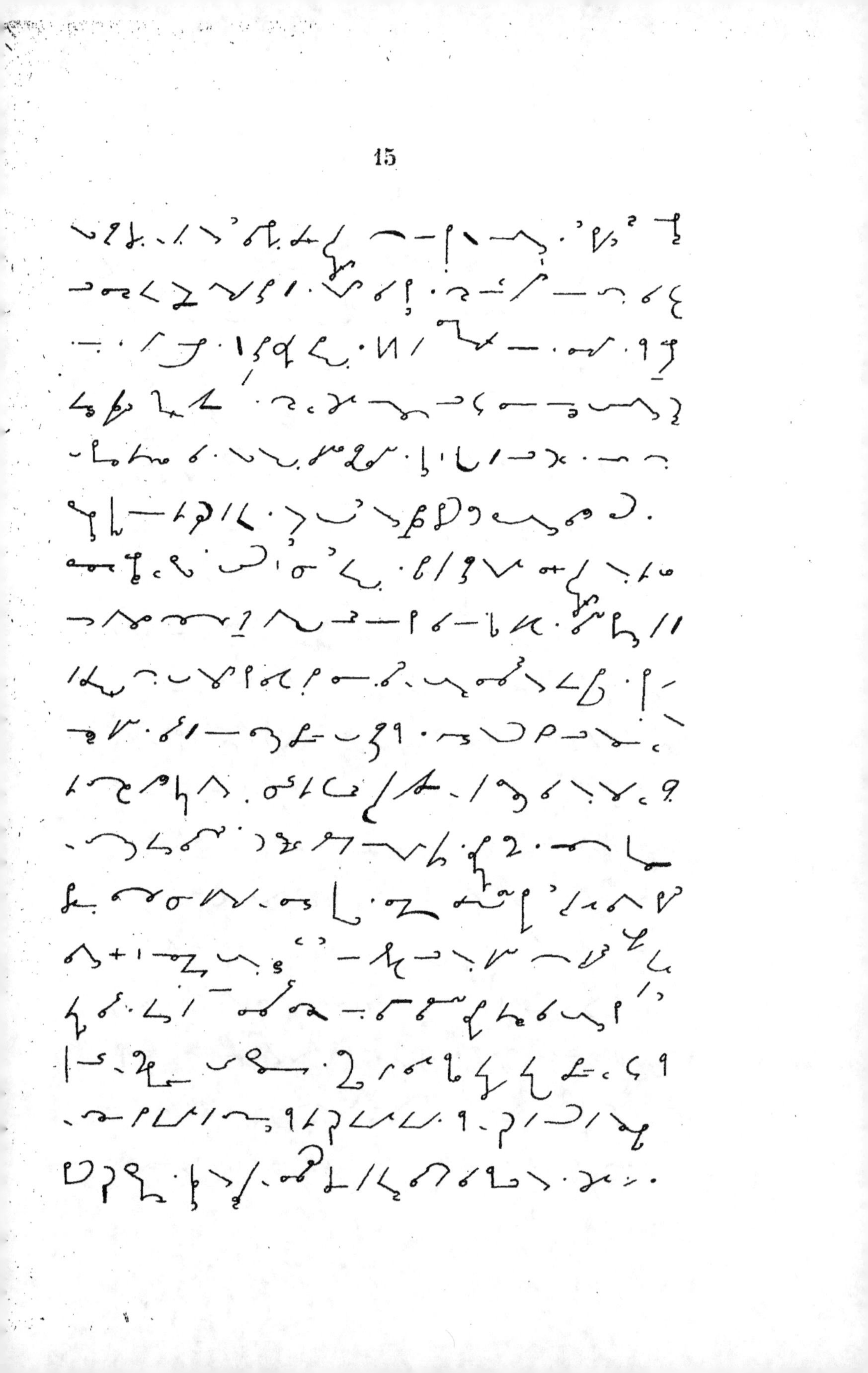

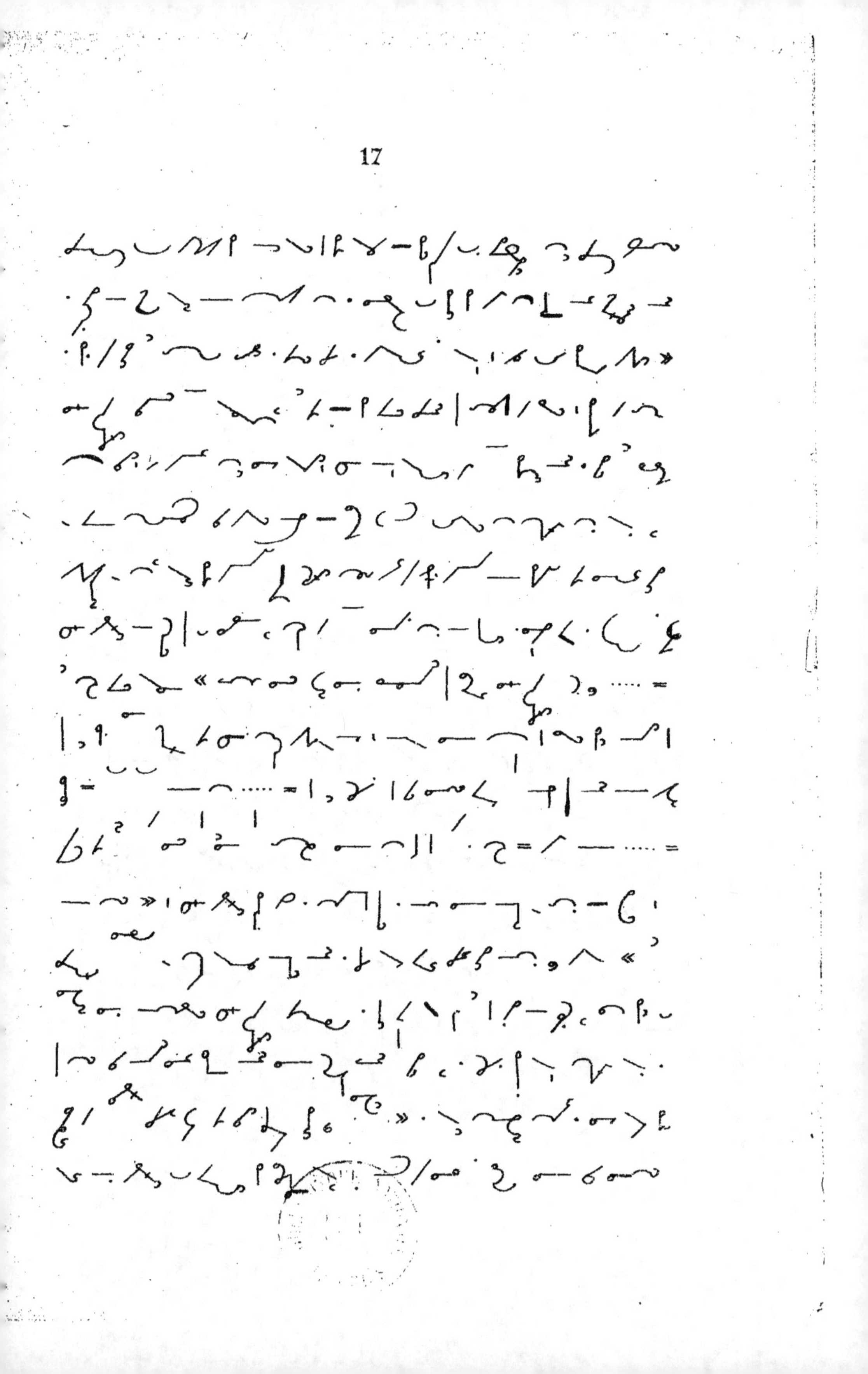

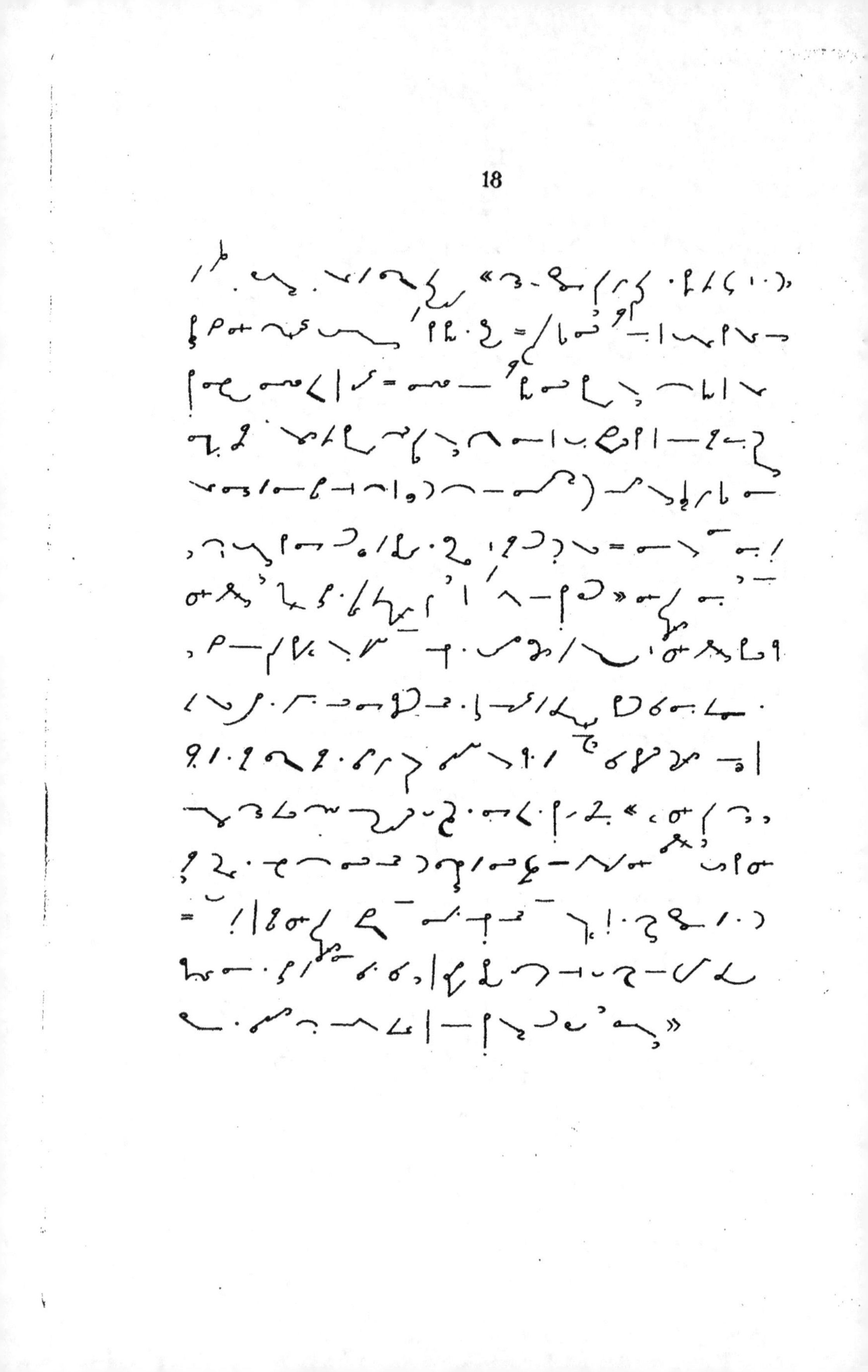

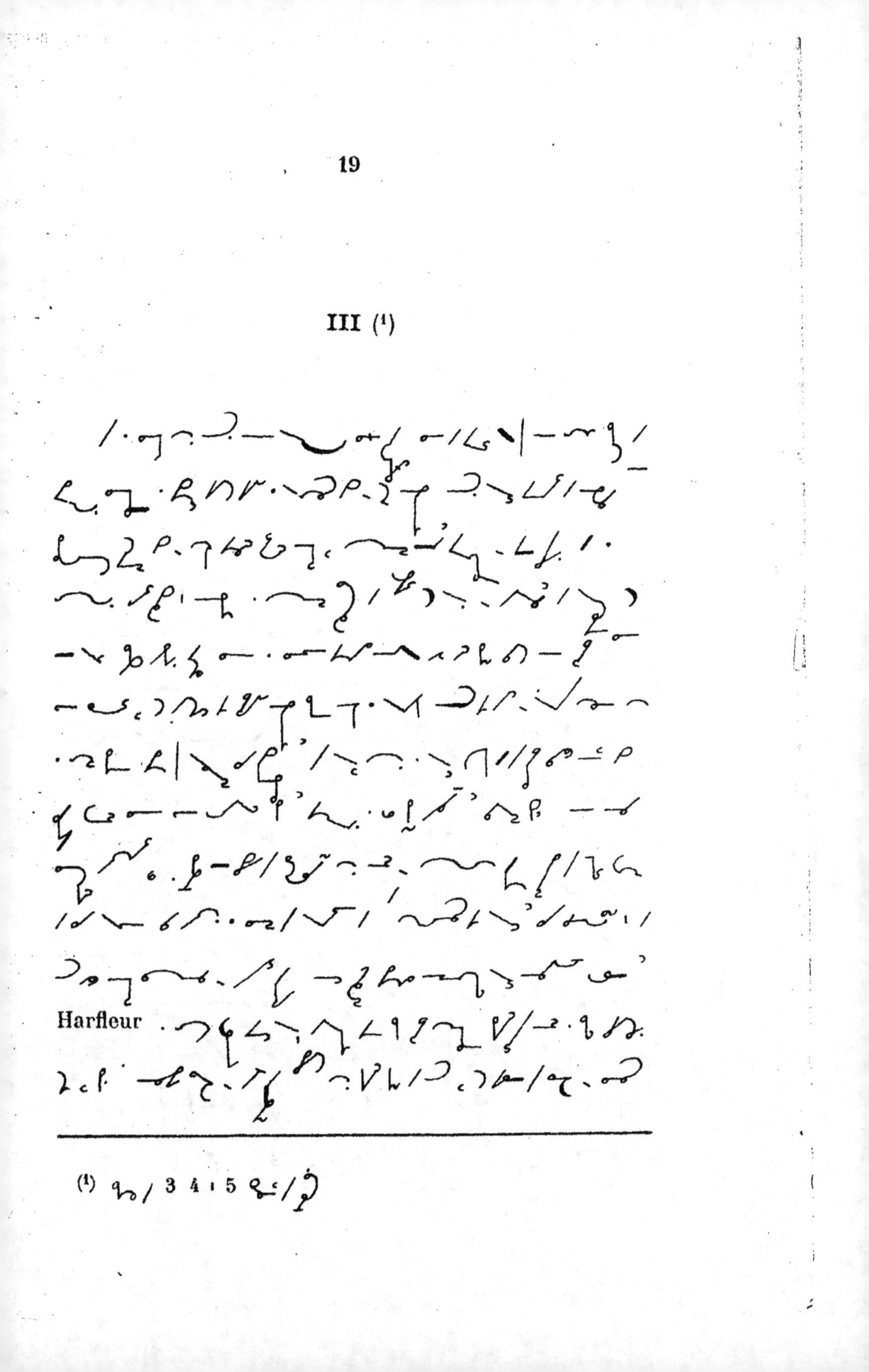

III (¹)

Harfleur

(¹)

L'Agneau

Renard

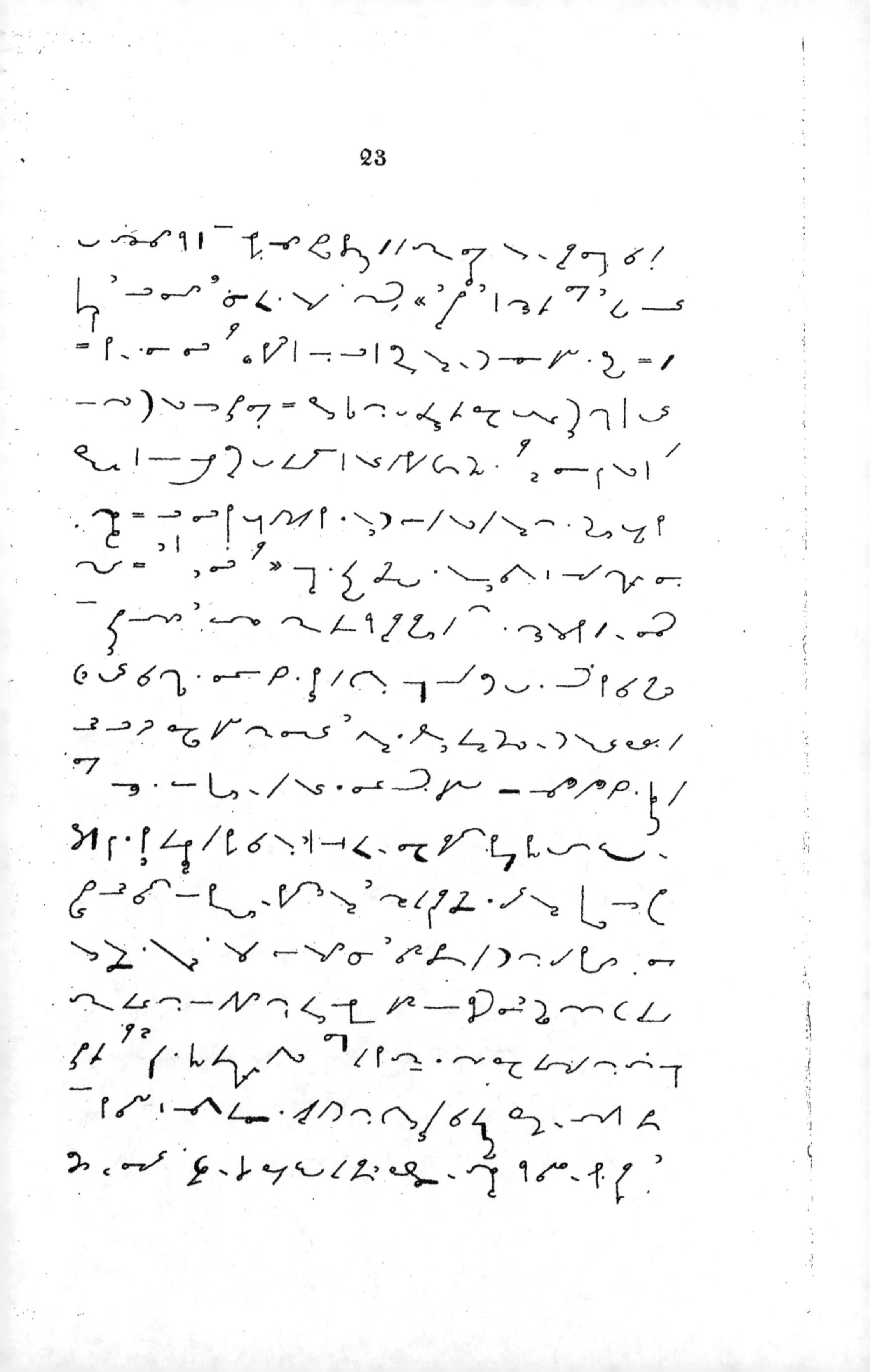

Hélène

/ Léontine

Labor improbus omnia vincit =

= Amen »

Martial

IV (¹)

Rouen

(¹). 20/ 6, 7.

[shorthand]

[shorthand]

 Beati possidentes _[shorthand]_

[shorthand]

[shorthand]

[shorthand]

[shorthand] Chartes _[shorthand]_

[shorthand]

[shorthand]

[shorthand]

[shorthand]

[shorthand]

 Valette _[shorthand]_

[shorthand]

[shorthand]

[shorthand] cryptographie _[shorthand]_

Trithème _[shorthand]_ / Vigenère _[shorthand]_ / Cujas _[shorthand]_ / Pothier _[shorthand]_

[shorthand]

x y z

Eureka »

Legrand / Saulle

65

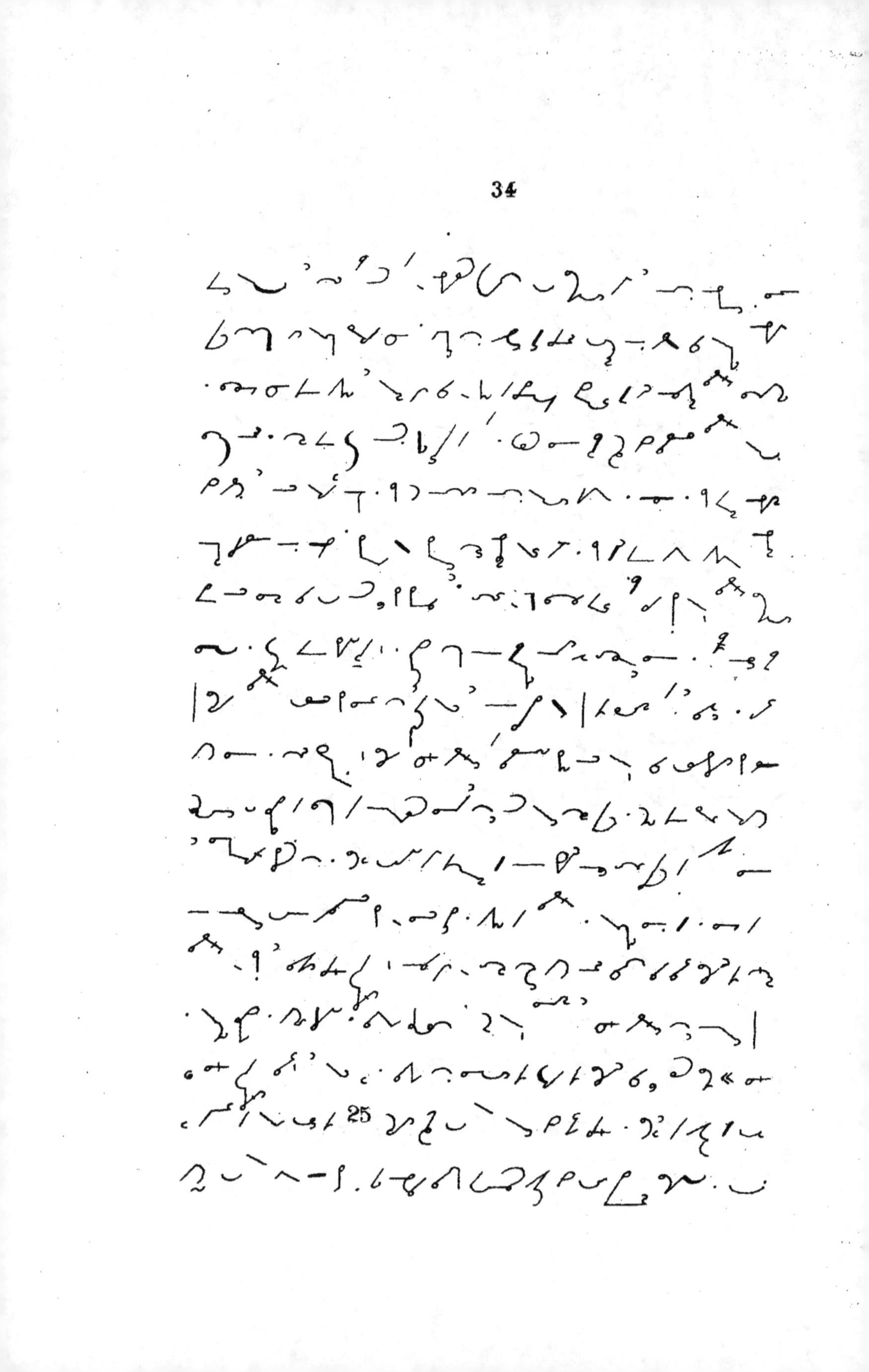

Delor

Louise Couturier

Bonaventure

Janot

69

Bordeaux 40

22

Sébastopol

Tarde venientibus ossa =

brio

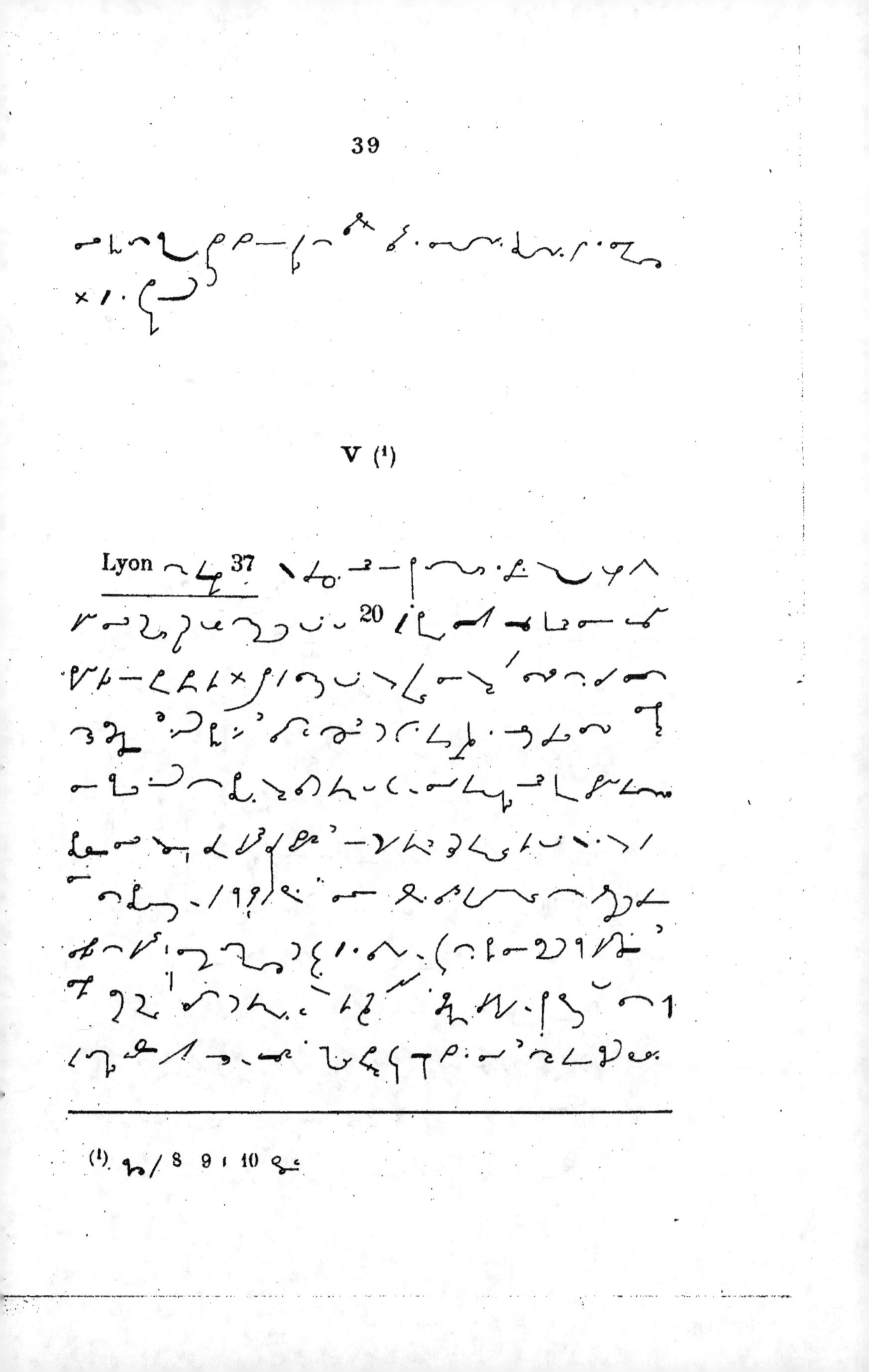

V (¹)

Lyon

Khartoum 52

Khartoum

Kamerra

Louise

150

Gondokoro 53

25 26 52

Kamerra

Mandarra

/Gon-

dokoro

Zanzibar 53

[note: shorthand] Kenia [shorthand] / Mélinde

[shorthand] / Indes [shorthand] boutre

[shorthand] Mélinde

---

(1) [shorthand] Nyanza [shorthand] 64 ρ Baker [shorthand] 58 ρ Speke [shorthand]

Sadi

/ 50

' 60   250

/ Zanzibar   53

Suéma

---

(1)

Stanley   70

74

220

Sonngaro

50 75

« 320 »

Sarammba

Baroko

53

Saramiba

Sonngaro

69   16

16

Emmanuel

Oulaïa

Antoine »

propter

necessitatem »

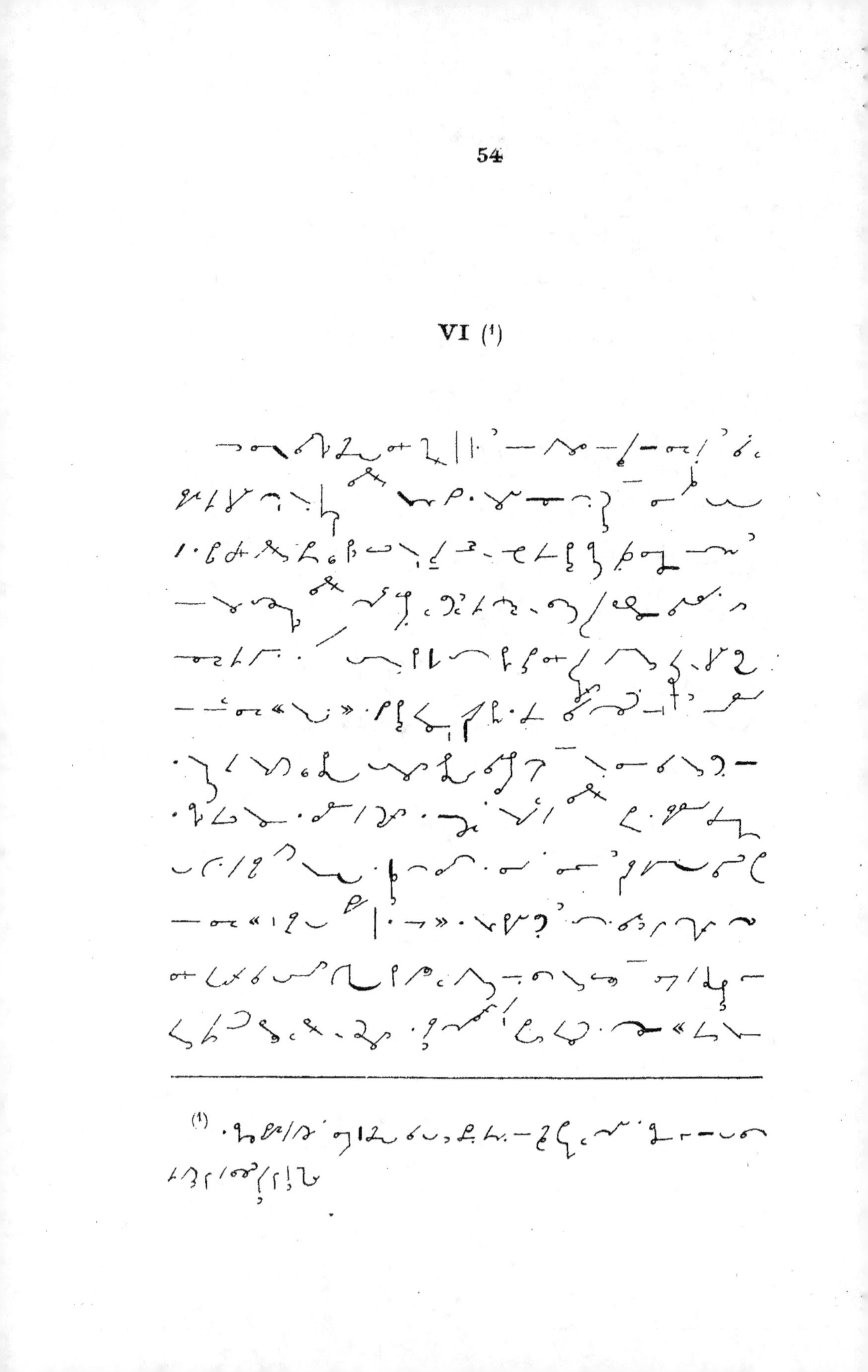

VI ([1])

Suez

Indes

Mombaze

Grâces

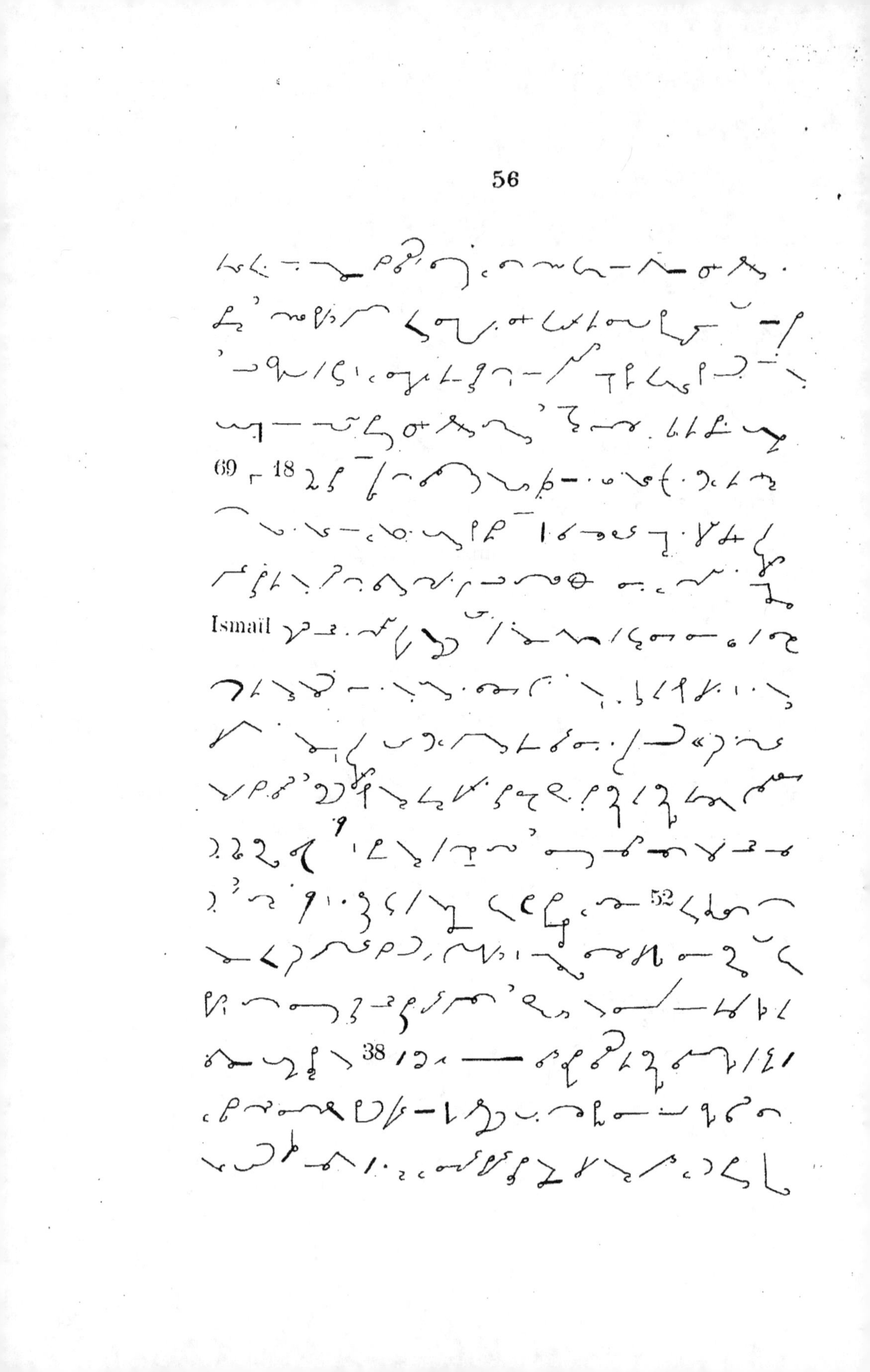

Ismail

Massouah

Suez

Zanzibar

d'Aden

Xavier

48

16

’Sonngaro, ’Saramm-
ba .

Suez . 17

Ismaïlia

Saïd .

Brest

50

Ismaïl

Lesseps

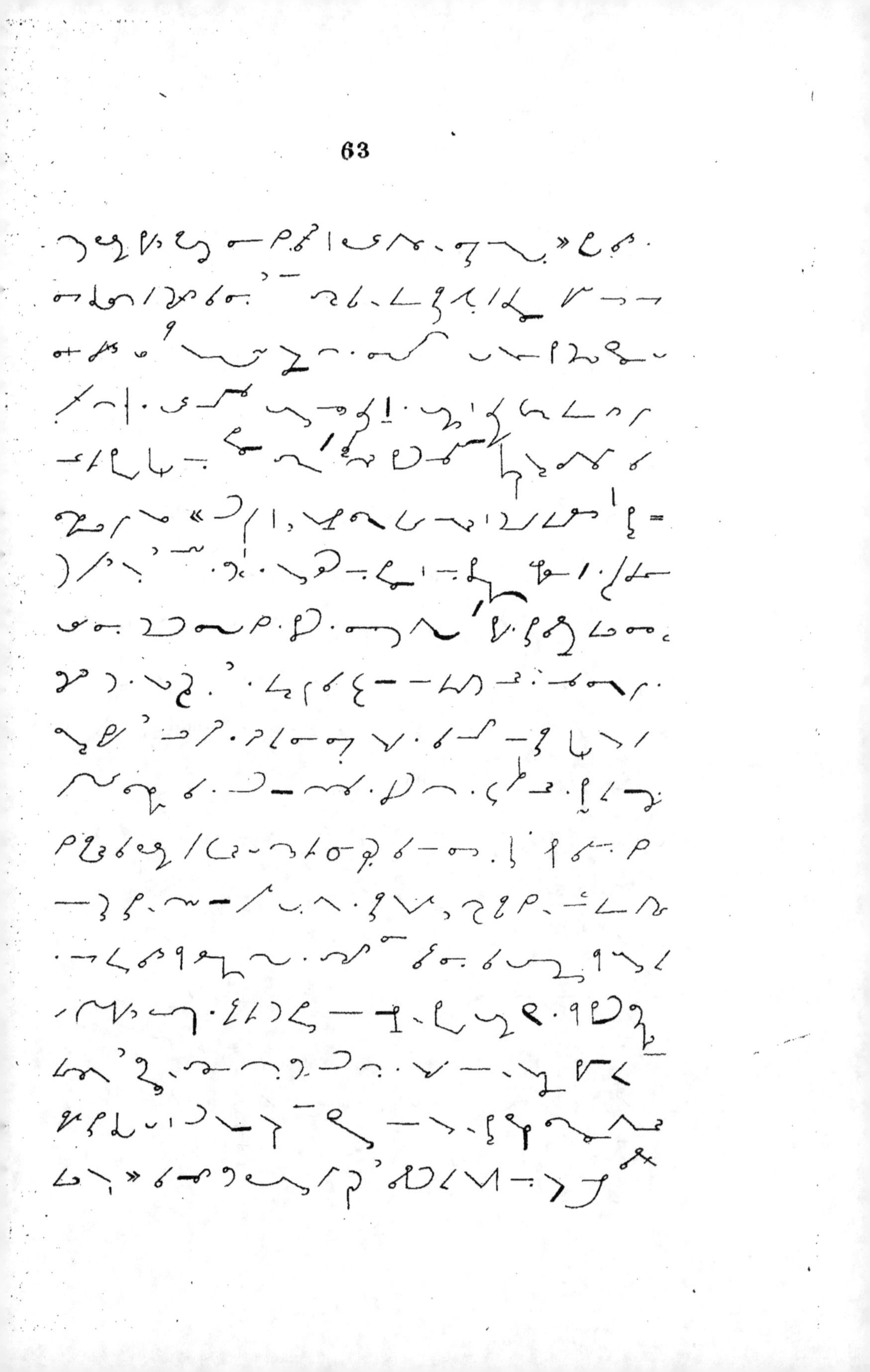

38

39

Lesseps

Saïd

Suez

69

Henry

25

Le Système PRÉVOST-DELAUNAY

est enseigné dans plus de 200 cours, notamment dans divers lycées et établissements d'instruction, dans les écoles primaires supérieures et dans les écoles professionnelles de la Ville de Paris, dans un grand nombre de sections des sociétés d'enseignement populaire (cours. publics et gratuits).

Ces cours fonctionnent non seulement à Paris, mais dans un grand nombre de villes de province et de l'étranger.

Pour tous renseignements et demandes, s'adresser à M. BOUTILLIER, Président de l'Association, rue Serpente, 28, et à M. LANISSOL, Secrétaire général, 3, rue Tardieu.

DÉPOSITAIRES :

Lanissol, rue Tardieu, 3 (18e).
Société académique de Comptabilité, boulevard Sébastopol, 66 (3e).
Bouchier, rue de la Roquette. 108 (11e).
Buisson, rue d'Arcole, 17 (4e).
Collemant, rue de la Roquette, 60 (11e).
Coulon, rue Fontaine-au-Roi, 2 (11e).
Croville-Morant, r. de la Sorbonne, 20 (5e)
Mlle Darbois, rue du Faubourg Poissonnière, 112 (10e).
Didier, rue de la Sorbonne, 6 (5e).
Fischbacher, rue de Seine, 33 (6e).
Librairie du Palais, boulevard du Palais, 5 (4e).
Mme Hermann, r. du Commerce, 48 (15e).
Leroy, boul. des Italiens, 26 (9e).
Nodinot, rue Oberkampf, 9, (11e).
Nony et Cie. boulevard Saint-Germain, 63 (5e).

Raimon et Roudhloff, rue Rodier, 61 (9e).
Ramel, avenue Trudaine, 33 (9e).
Roque, boulevard St-Germain, 130 (6e).
E. Roy (Mairie du 5e arr.), place du Panthéon.
Schônenborn, rue Vivienne, 37 (2e).
Toutain, rue de la Villette, 16 (19e).
Weil, rue Caumartin, 60 (9e).
Weiss, rue de Paris, 58, Saint-Denis.
Gaillardot, Grande-Rue, 70, Argenteuil.
Leblond, rue Thiers, 26, Le Havre.
Morand, rue Faidherbe, 11-13, Lille.
Vve Muller, rue Sainte-Catherine, 98, Bordeaux.
Labouche, Arcades du Capitole, 10, Toulouse.
Bernaardt, drayton Park, 11, Highbury, Londres N.
Kats, rue Neuve, 97, Bruxelles.

Dépôt général chez M. A. FISCHER, Trésorier de l'Association,
61, rue Demours (17e).

www.ingramcontent.com/pod-product-compliance
Lightning Source LLC
LaVergne TN
LVHW021136200726
843510LV00001B/110